AF324430

Conserver la Couverture

M. le Docteur BUISSON

M. le Docteur BUISSON

Samedi, 24 février, ont eu lieu à Flayosc les obsèques civiles de M. le docteur Hippolyte Buisson, le vétéran de la démocratie locale, décédé à l'âge de 89 ans.

La commune de Callas, dont M. Buisson était originaire et à laquelle il avait fait don de sa bibliothèque, était représentée à la cérémonie par une délégation du Conseil municipal. Celle de Claviers, qui avait reçu aussi des marques de sa générosité, avait également envoyé des délégués.

Un poêle, portant les initiales L. P. (Libre Pensée), était tenu par M. Gros, maire de Flayosc, MM. Truc et Vassal, ses deux adjoints, et M. Vanon Damien, maire de Callas.

Une foule respectueuse et attristée, que l'on peut évaluer à neuf cents personnes environ, accompagnait le cercueil couvert de couronnes, et le cortége a parcouru ainsi les principales rues.

Il faut mentionner aussi les Orphéonistes et les Musiciens qui ont bien voulu s'associer au deuil public.

Un ami de vieille date, M. François Dol, a prononcé sur la tombe un discours dans lequel il a retracé, en termes émus et sympathiques, la vie si bien remplie de M. le docteur Buisson, de celui qu'il a appelé à juste titre le *Médecin des pauvres* et qui fut toujours le serviteur dévoué des principes de progrès et de liberté.

La foule a écouté avec recueillement ces paroles qui ont trouvé un écho dans l'âme de tous les assistants. L'Orphéon a chanté un morceau approprié à la circonstance, et la Musique a joué *La Marseillaise*, dernier hommage rendu au vieux républicain, à l'excellent homme qui n'est plus, mais dont la commune de Flayosc gardera fidèlement la mémoire.

DISCOURS DE M. DOL.

MESSIEURS,

C'est un pieux devoir pour moi, qui ai été si étroitement lié avec M. le docteur Buisson, d'adresser quelques paroles de regret et de suprême adieu à l'honnête homme que nous pleurons tous, que nous avons tous aimé, avant que la terre ait à jamais recouvert ses restes.

M. le docteur Buisson appartenait à une honorable famille de la commune de Callas dont il était originaire, mais il était venu se fixer à Flayosc vers 1820 et, depuis, il avait toujours habité et vécu au milieu de nous. Nous le considérions donc comme notre concitoyen, et il l'était, en effet, aux meilleurs titres.

Vous tous qui m'écoutez, ai-je besoin de vous dire ce qu'était le docteur Buisson et ce qu'il valait ? Il ne m'appartient pas de juger en lui l'homme de science et le praticien. Il me suffira de dire qu'il a laissé de lui sous ce rapport des souvenirs qui font honneur à son tact et à sa clairvoyance. Je ne dois et ne puis retracer ici que les qualités de l'homme privé et de l'homme public.

M. Buisson était, dans toute l'acception du mot, ce qu'on a appelé *le Médecin des pauvres*. Pendant les soixante années qu'il a exercé dans notre commune, il n'a jamais cessé de donner ses soins gratuits aux indigents; ce n'étaient pas seulement ses soins, c'étaient encore les médicaments nécessaires. J'ajoute, ce que du reste personne de vous n'ignore, que bien souvent il ne quittait pas la chambre de l'ouvrier, du cultivateur malade et dénué de ressources, sans y laisser quelque marque de sa générosité. C'est que le docteur Buisson était essentiellement bon et charitable ! Dans notre siècle, si grand par certains côtés, mais où trop de gens hélas ! enfiévrés par l'amour du lucre et le désir insatiable des richesses, perdent jusqu'au respect d'eux-mêmes, notre ami se faisait remarquer par un rare désintéressement. Sa main, sa bourse, son cœur n'étaient jamais fermés. Il donnait, il donnait sans cesse. Il donnait à la commune de Callas sa bibliothèque contenant de précieux ouvrages, entre autres les chefs-d'œuvre des écrivains classiques français et étrangers, anciens et modernes; il donnait aux communes de Flayosc et de Claviers l'excellente petite collection de la *Bibliothèque Nationale*. Combien d'exemplaires des fables de La Fontaine n'ai-je pas achetés pour lui ! Il s'empressait d'en faire cadeau aux enfants de nos écoles, parfois aussi aux hommes mûrs, car il aimait à propager les bons livres, il était ardemment dévoué à l'instruction populaire et il aurait voulu que le plus grand nombre pût s'abreuver aux belles et bienfaisantes sources du génie humain. Aussi M. Buisson était-il entouré de la considération et de la sympathie publiques. On était charmé de son aménité et de sa bonhomie. Chacun se faisait un plaisir et un honneur de lui serrer la main et de causer avec lui. Au village comme à la campagne, on avait oublié, en quelque sorte, son nom de famille et, dans un langage populaire d'une naïveté expressive, on ne l'appelait plus que *Moussu lou Médécin.*

Une partie de la jeunesse de M. Buisson s'écoula sous la Restauration. Il fut mêlé aux luttes de l'époque. Je pourrais me dispenser d'ajouter qu'il prit place dans les rangs du parti libéral. Fermement attaché aux principes de la Révolution, il était l'adversaire de la théocratie et lisait Béranger qu'il finit par savoir par cœur et dont jusqu'à ses derniers jours il aima à fredonner les immortels refrains.

Après la Révolution de 1830, M. Buisson ne s'arrêta pas au poteau planté par la bourgeoisie victorieuse et sur lequel elle avait écrit : *Peuple, tu n'iras pas plus loin.* Dans la royauté constitutionnelle il ne vit, comme on l'a dit, qu'une planche qui devait servir à passer le ruisseau. Il fut bientôt sur l'autre rive et alla où allaient tous les cœurs vaillants et généreux—à la démocratie, et depuis il ne recula plus. A diverses reprises, ses concitoyens donnèrent à M. Buisson des preuves de leur estime et de leur confiance. Plusieurs fois il fut investi de fonctions électives comme maire et comme conseiller d'arrondissement ; dans les comices populaires, son nom était toujours acclamé le premier. Notre ami obtint donc et mérita la faveur publique. Je n'entends point par là cette popularité équivoque, éphémère, que poursuivent les intrigants et les ambitieux, mais cette popularité de bon aloi, cette popularité durable, qui vient sans qu'on la recherche et est la plus douce récompense des âmes bien nées, de ceux qui, sans arrière-pensée, se sont dévoués au bien public.

Je connus intimement M. Buisson vers 1849 ; il voulut bien, malgré la différence des années, m'honorer de son amitié. J'eus bientôt apprécié en lui l'homme simple, affectueux, au cœur droit et bon. Aucune des questions de notre époque ne lui était indifférente, notamment celles qui touchent à l'amélioration matérielle, morale et intellectuelle des travailleurs. Nous avions des goûts communs. J'aimais comme lui les lettres qui sont le charme et l'ornement de la vie. M. Buisson était un esprit cultivé; il était familier avec nos grands écrivains, et je connais de lui d'élégantes traductions en vers de certains passages des poètes latins. Hélas ! mon cœur se serre et je sens des larmes dans mes yeux quand je songe que tout cela s'est évanoui et que nos excellentes relations qui dataient de plus de trente ans ont cessé pour toujours.

M. Buisson a affirmé jusqu'au dernier moment sa foi philosophique et politique Malgré les défaillances inséparables de l'âge, sa mort a été d'accord avec toute sa vie. Quoique son âme fût naturellement religieuse, puisqu'il aimait le bien et le beau, il rejetait les symboles fixes, qui sont des cachots pour la pensée, et ne voulait relever que de sa raison et de sa conscience. Ce n'est pas nous, Messieurs, qui l'en blâmerons.

Il a trouvé d'ailleurs ici-bas la récompense du bien qu'il a fait dans les nombreuses et vives sympathies qui s'étaient attachées à lui et qui se manifestent encore d'une façon si touchante autour de son cercueil.

Noble ami, vous avez cessé de vivre; vous allez rendre à la terre, l'éternelle nourrice, ce qu'elle vous avait donné, ce qu'elle a donné à chacun de nous. Nous allons vous quitter pour jamais, mais nous emportons votre souvenir avec nous et nous resterons fidèles à votre chère mémoire. Comme vous, nous serons les soldats du devoir; comme vous, nous serons dévoués à nos semblables, surtout aux humbles, aux pauvres, aux souffrants. Nous aimerons tous ce que vous aimiez: les choses de l'esprit, la liberté, la République. Vous ne mourrez donc pas tout entier, excellent docteur, car n'est-ce pas prolonger notre existence au delà de la tombe que de laisser après nous des amis qui s'inspirent de nos sentiments et se font les continuateurs de notre pensée et de nos œuvres ?

Flayosc, 24 février 1883.

Draguignan, imprimerie C. et A. LATIL.